Antropologia e imagem

Coleção **PASSO-A-PASSO**

CIÊNCIAS SOCIAIS PASSO-A-PASSO
Direção: Celso Castro

FILOSOFIA PASSO-A-PASSO
Direção: Denis L. Rosenfield

PSICANÁLISE PASSO-A-PASSO
Direção: Marco Antonio Coutinho Jorge

Ver lista de títulos no final do volume

Andréa Barbosa
Edgar Teodoro da Cunha

Antropologia e imagem

ZAHAR

Jorge Zahar Editor Ltda.
rua Marquês de S. Vicente 99 – 1º | 22451-041 Rio de Janeiro, RJ
tel (21) 2529-4750 | fax (21) 2529-4787
editora@zahar.com.br | www.zahar.com.br

Composição: TopTextos Edições Gráficas Ltda.
Capa: Sérgio Campante

CIP-Brasil. Catalogação-na-fonte
Sindicato Nacional dos Editores de Livros, RJ.

Barbosa, Andréa
B195a Antropologia e imagem / Andréa Barbosa e Edgar Teodoro da Cunha. — Rio de Janeiro: Zahar, 2006.
(Passo-a-passo; 68)

Inclui bibliografia
ISBN 978-85-7110-936-0

1. Imagem (Filosofia). 2. Antropologia. 3. Antropologia visual. 4. Comunicação visual – Aspectos antropológicos. 5. Comunicação de massa – Aspectos antropológicos. I. Cunha, Edgar Teodoro da. II. Título. III. Série.

CDD: 302.23
06-2312 CDU: 316.77

Sumário

Introdução

A constituição de um campo da disciplina antropológica na área da discussão da imagem é questão que vem sendo debatida internacionalmente há pelo menos 40 anos. Nem por isso há unanimidade quanto ao termo que designaria esse campo ou mesmo as subáreas que a ele poderiam estar relacionadas. Em várias instâncias e instituições observa-se a utilização de expressões como "antropologia visual", "antropologia da imagem e do som", "antropologia do audiovisual", "antropologia da imagem" e outras mais.

Todas elas guardam um pouco das facetas da longa discussão acerca desse assunto: a imagem (fotografia, cinema ou vídeo) como uma questão de método; a imagem pensada como artefato cultural e por isso passível de se transformar em objeto da antropologia; a linguagem audiovisual como um caminho possível para elaboração e divulgação dos resultados de pesquisa, constituindo-se em alternativa à etnografia clássica; e ainda a utilização do debate em torno da imagem, realizada em qualquer um desses casos, como subsídio para uma discussão epistemológica da prática antropológica.

Este livro tem por objetivo mapear um percurso de contato e interlocução entre a antropologia e a produção de imagens. Trata-se de trazer uma discussão sobre o estabelecimento de relações efetivamente construídas ou possíveis entre a elaboração do conhecimento antropológico e o universo da imagem. Percorreremos, assim, desde os pontos de contato das histórias do nascimento da antropologia como disciplina e do cinema como linguagem até as experiências paradigmáticas da utilização da imagem no âmbito da pesquisa etnográfica. O intuito, nesse sentido, é discutir as várias possibilidades que a introdução da imagem no campo da antropologia pode oferecer.

Antropologia e imagem: primeiros encontros

A história da construção da linguagem fotográfica e cinematográfica desenvolveu-se paralelamente à elaboração dos métodos clássicos da antropologia. Houve muitas aproximações ao longo dessa história, mas, de forma geral, elas expressaram formas de olhar e de construir problemas de maneira homóloga — uma colaboração ao mesmo tempo distante e provocadora, mas que evidencia o quanto a antropologia, a fotografia e o cinema, enquanto construções culturais, podem compartilhar o desafio de entender e significar o mundo e sua diversidade.

Embora a construção da noção de "medida humana" e sua importância para a reflexão sobre o mundo e a vida remontem à antigüidade clássica e ainda que descrições de diferentes grupos e povos com os quais os gregos se relacionavam já estivessem presentes na obra de Heródoto, Aristóteles e Xenofontes, não podemos classificar essa produção como uma disciplina. A antropologia, como campo de produção que posteriormente se transformará em disciplina científica, é uma criação do humanismo do século XVIII, um momento bastante específico da história do pensamento, preocupado com a sistematização racional do conhecimento humano sobre diversas áreas, aí incluídos o próprio homem e sua vida em sociedade. Nesse momento, tornava-se importante sistematizar o conhecimento sobre os outros, não-europeus, distantes no espaço, mas simbolicamente próximos o bastante para serem considerados ameaçadores.

Diante dessas preocupações, o pensamento filosófico humanista e ilustrado do século XVIII construiu uma noção de alteridade, enquanto percepção das diferenças, enfatizando as semelhanças. O projeto de ciência do homem, defendido por Voltaire, Montesquieu e Rousseau, criava uma história natural, oposta à teleologia, que defendia uma natureza humana universal. Nesse sentido, as diferenças entre os homens são colocadas também na ordem da natureza. São externas e incômodas, existindo por interferência de fatores exteriores e naturais, como clima, localização geográfica e outros elementos que as produzem.

A idéia do "bom selvagem" de Rousseau é a referência para pensar com interesse e, às vezes, condescendência sobre grupos étnicos americanos, africanos e asiáticos colocados em contato permanente com os europeus pela expansão mercantilista empreendida desde finais do século XV. Eles são considerados o que foram os europeus num passado mítico: povos distantes e não corrompidos pelo estabelecimento da sociedade contratual. A diferença aqui é colocada em posição ambivalente entre natureza e cultura. Iconograficamente, podemos lembrar das imagens produzidas pelos viajantes e artistas da missão de Maurício de Nassau ao Brasil. Albert Eckhout (1610-65) foi um desses artistas que esteve no Brasil entre 1639 e 1644, e foi a partir dessa experiência que pintou, em telas de grande tamanho, os tipos humanos locais, como índios, mestiços e africanos, além de espécimes da fauna e flora brasileiras.

Eckhout pintou oito figuras humanas, quatro casais em retratos posados, com suas singularidades. São eles *Índio tupi* e *Índia tupi*, *Índio tapuia* e *Índia tapuia*, *Mulher mameluca* e *Homem mestiço*, *Mulher africana* e *Homem africano*. Neles podemos perceber certa ambivalência no tratamento dos personagens quanto a sua humanidade e ao lugar que ocupam no mundo. São quadros monumentais, em que as figuras humanas foram concebidas praticamente em tamanho natural, com inúmeros pormenores etnográficos, botânicos e zoológicos, associados como atributos dos personagens. Cada um deles é representado isoladamente, com o olhar voltado para o observador, ocupando a posição central do quadro e se destacando do segundo plano composto com elementos locais: plantas exóticas, pequenos animais, objetos, cenários e adereços que, além de conferirem caráter descritivo às pinturas, lhes atribuem significados particulares. Os indígenas ora são uma alegoria da domesticação e por isso humanizados, como os índios tupi, ora são uma alegoria da selvageria e da barbárie, como os índios tapuia. Por meio dos atributos associados a cada personagem o artista constrói valores opostos, e é essa ambivalência que torna esses retratos tão instigantes até hoje.

A alteridade, nesses casos, é marcada pela busca de uma origem da humanidade cuja memória se perdeu há muito por questões externas ao próprio homem, mas que de alguma maneira esses homens "selvagens" poderiam fazer relembrar. Interessante também é perceber que, acompanhando as reflexões filosóficas, estava o movimento de representar plastica e esteticamente essa alteridade, de tornar visível esse semelhante distante, mesmo que ainda exótico e muitas vezes opaco.

É, contudo, o evolucionismo, na segunda metade do século XIX, que vai transformar a alteridade, a diferença, em problema epistemológico. E vai fazê-lo rompendo com a idéia de uma natureza humana filosófica. O "selvagem" torna-se o "primitivo", o que vive em situação semelhante à do homem civilizado europeu em seu passado histórico. A história da humanidade passa a ser concebida como uma série de estágios sucessivos de desenvolvimento dos grupos humanos, em que os chamados povos primitivos seriam os remanescentes de etapas iniciais desse desenvolvimento, e as sociedades européias, o ponto mais elevado do processo de evolução das sociedades humanas. Dessa maneira, as sociedades ditas primitivas seriam sobreviventes de uma forma de vida que fatalmente desapareceria pela "evolução natural" das sociedades.

A idéia da diferença perde sua ambivalência e se torna um problema epistemológico para a ciência justamente quando é deslocada para o âmbito da cultura. É essa noção de alteridade baseada numa diferença cultural que inaugura a necessidade do conhecimento empírico do outro. A cultura não estaria apenas nos artefatos, mas também em hábitos, valores e comportamentos que precisavam ser apreendidos pela observação e registrados. A questão agora era trazer o que estava longe para perto, tão perto que se tornasse um passado presentificado. O período entre o final do século XIX e o início do século XX é marcado por várias expedições etnográficas realizadas com esse sentido da busca do longínquo, dando-lhe visibilidade, e é nesse ponto que o encontro anunciado entre a antropologia e a fotografia e o cinema vai acontecer.

Para a jovem antropologia desse período, essa operação de estabelecimento de distâncias e proximidades seguia o movimento de encaixar toda a diversidade cultural constatada pelo movimento colonial do século XIX nos modelos para o estudo evolucionista das manifestações da natureza humana.

Nesse primeiro momento, pontuado pelo esforço racionalista, pesquisa antropológica e técnicas e linguagens visuais estavam juntas. Um exemplo dessa parceria é a expedição multidisciplinar ao estreito de Torres realizada em 1898 e comandada pelo pesquisador Alfred Haddon, da Universidade de Cambridge. Dela participaram vários cientistas, entre eles C.G. Seligman e W.H. Rivers, na qualidade de antropólogos. Nesse projeto, a câmera fotográfica e o cinematógrafo constituíram ferramentas fundamentais para o registro dos diferentes tipos físicos e culturais. Eram considerados instrumentos científicos, tanto quanto o microscópio, capazes de ampliar o olhar do cientista, pois ao "estabilizar" ou "fixar" os dados obtidos em campo facilitariam análises posteriores. Para o antropólogo Marc-Henri Piault, o patrimônio imaterial que a antropologia pode hoje vangloriar-se de ter contribuído para inventariar materializa-se paradoxalmente nos rolos de filme produzidos nesses processos. Segundo essa perspectiva, gestos, falas, movimentos e expressões poderiam ser conservados nos filmes assim como se conservam potes de barro e máscaras.

Nas fotos antropométricas, produzidas nas diversas expedições realizadas na virada do século XIX para o XX, podemos perceber um exercício para construção de uma taxionomia dos tipos físicos e culturais e de seus estágios de desenvolvimento. Em uma fotografia da expedição ao estreito de Torres, por exemplo, figura um grupo fazendo fogo com um graveto. Em outra página de relatório de uma expedição à Índia, temos a foto de uma menina colocada ao lado de uma folha de espécime botânico local. Nesse esforço classificatório, homens e plantas compartilham um mesmo lugar nas observações e nos registros científicos. Ainda para Piault, é essa necessidade, criada pelo positivismo, de um conhecimento científico classificatório do homem e da natureza que justifica a ação "civilizadora" na exploração do mundo.

É nesse momento também que se difunde na Europa o fascínio pelo mundo exótico e primitivo. Cartões-postais com retratos de aborígines com seus adereços primitivos, como lanças com ponta de pedra ou gravetos e ossos atravessados no nariz, são amplamente divulgados e circulam como suvenires entre as classes abastadas européias. Estima-se que, só na Grã-Bretanha, milhões desses cartões-postais circularam nas primeiras décadas do século XX.

Nessa concepção, embora seja a cultura e não a natureza que produz a diferença entre os povos, os chamados povos primitivos eram sempre representados visualmente de forma a aproximá-los do mundo natural em oposição ao mundo civilizado europeu: nudez, artefatos manuais, costumes exóticos e não racionais e outros mais eram as situações e os elementos escolhidos para a construção dessas representações imagéticas.

No esforço de demonstrar os ganhos advindos das descobertas técnicas e científicas dessas formas de conhecer o outro — a antropologia com palavras e a fotografia e o cinema com imagens —, os pesquisadores esqueceram-se de considerar um elemento fundamental que permeia a ação de ambos: a imaginação. Tanto a antropologia como a fotografia e o cinema, em seus diferentes processos de construção do conhecimento, elaboram métodos e formas de representar, de dar corpo a uma imaginação existente sobre a alteridade. Imaginação aqui mencionada em seu sentido mais interessante, que é o de formular imagens de objetos e situações, que já foram ou não percebidos articulando novas combinações de conjuntos e de referências.

Se, como dissemos, num primeiro momento a fotografia e o cinema se constituíam como invenções técnicas inseridas na lógica racionalista e da crença na potencialidade da modernidade como solução para o desenvolvimento humano, no final do século XIX ela também já era utilizada para encantar e maravilhar os homens, apresentando uma preocupação narrativa: temos o cinema se tornando linguagem.

Ao lado dos filmes que mostram cenas em tempo real, como os de paisagens e cenas do cotidiano, trens chegando em estações, crianças sendo alimentadas, também eram produzidos filmes que reproduziam números de magia, encenações de contos populares e de contos de fada, estes exigindo uma elaboração narrativa que fugia à consideração do cinema como mero dispositivo de registro documental.

O mesmo processo pode ser pensado em relação à antropologia, que em alguns casos desenvolve uma metodologia voltada, justamente, para a construção do que seria uma "boa distância" capaz de permitir a comunicação e ainda a produção de conhecimento sobre o outro, baseadas nessa experiência.

Como exemplo desse momento, podemos tomar os trabalhos pioneiros de Franz Boas realizados nos Estados Unidos (*The Central Eskimo*, 1888) e de Bronislaw Malinowski realizado nas ilhas Trobriand, na Oceania (*Argonautas do Pacífico Ocidental*, 1922).

A "boa distância", ou seja, uma distância que permita a comunicação — entre realizador, documentarista, pesquisador, analista e os grupos e processos nos quais eles estão interessados — configura-se, desde esse período seminal, como um desafio tanto para a antropologia como para o cinema, e é nesse sentido que podemos estabelecer alguns paralelos entre trabalhos paradigmáticos tanto em um campo como em outro.

Cronologia fílmica

1895 *Chegada do trem à estação, Saída da fábrica, A refeição do bebê*, dos irmãos Lumière
1901 *Canguru Ceremony*, Austrália, Baldwin Spencer
1913/14 *Sertões de Matogrosso*, Brasil, major Thomaz Reis
1914 *The Land of The Head Hunters*, Canadá, Edward Curtis
1917 *Rituais e Festas Bororo*, Brasil, major Thomaz Reis
1922 *Nannok of the North*, Estados Unidos, Robert Flaherty

Cronologia etnográfica

1871 Publicação de *Primitive Culture*, E.B. Tylor
1888 Publicação de *The Central Eskimo*, de Franz Boas
1889 Publicação de *Native Tribes of Central Austrália*, de Baldwin Spencer e F.J. Gillen
1890 Publicação de *The Golden Bough*, de James Frazer
1898 Realização da Expedição da Universidade de Cambridge ao estreito de Torres (entre Austrália e Nova Guiné)
1922 Publicação de *Argonautas do Pacífico Ocidental*, de Bronislaw Malinowski

Outras histórias paralelas: Flaherty e Malinowski

É interessante traçar um paralelo entre dois trabalhos cujos métodos e propostas estiveram bem próximos sem necessariamente terem se tocado. Estamos nos referindo ao cineasta Robert Flaherty com seu *Nannok of the North*, de 1922, por muitos considerado o marco inicial do cinema documental, e ao antropólogo Bronislaw Malinowski com *Argonautas do Pacífico Ocidental*, também de 1922, considerado o marco do método do moderno trabalho de campo na antropologia.

O século XIX, em seu contexto social e histórico, marcado pela busca da compreensão e assimilação do mundo pelos europeus, caracteriza o surgimento e consolidação da etnografia e dos registros visuais, como a fotografia e o cinema, apontando para questões fundamentais sobre essas formas de representação da realidade social. As expedições científicas multidisciplinares e as técnicas fotográficas e fílmicas, que se multiplicam a partir dessa época, vão possibilitar o registro de acontecimentos de um mundo mais amplo que o delimitado pelo continente europeu e permitir a apreensão da diversidade racial e social.

É também no final desse século que a ambição do Ocidente em organizar o mundo se traduzirá em processos como o da expansão colonial. A ciência, o cinema e a fotografia assumem lugares fundamentais como disciplina e instrumentos privilegiados para a observação da experiência humana. A investigação científica propicia à empresa civilizadora dos estados-nações europeus a certeza da existência de uma medida racional que explica a diversidade racial e cultural do mundo, que a expansão colonial explora, e mesmo justifica a legitimidade dessas formas de ação. O cinema e a fotografia garantem a esse mesmo movimento civilizador um caráter de objetividade ao materializar corpos e hábitos que se tornam assim passíveis de catalogação e classificação.

Ainda nesse período, a etnologia dos "antropólogos de gabinete" realiza-se a partir dos registros visuais e escritos que os missionários e funcionários do governo e das expedições científicas traziam do campo. Nesse método de organização dos dados científicos, o cinema assumirá o papel de objeto significante que representará em imagens uma determinada realidade empírica. O registro de outros povos, em imagens fílmicas e fotográficas, é, dessa forma, construído por meio de elementos que distinguem e caracterizam a relação ambígua entre homem e natureza, apresentando imagens de seres humanos que os europeus pensam estar mais próximo da natureza do que da civilização.

O período entre o final do século XIX e o início do XX é, portanto, fundamental para o desenvolvimento da antropologia e do cinema. Nele, nem documentário, nem etnografia científica são categorias consolidadas, e esse momento pode ser considerado de formação, no qual se reconhece a necessidade de novos métodos, abordagens e técnicas para lidar com a humanidade, em seu sentido amplo. Com a expansão do capitalismo, a criação de mercados mundiais e a intensificação da industrialização há uma revisão dos conceitos de tempo e espaço e das teorias evolucionistas. Conceitos como bárbaros e civilizados passam por profundo processo de revisão e a fotografia e o cinema se afirmam como parte integrante e ao mesmo tempo integradora do mundo, mostrando coisas até então não vistas por olhos europeus.

As primeiras décadas do século XX foram um período de grandes turbulências e transformações. As ciências e as artes, com suas buscas metodológicas, estéticas e de linguagem, procuram criar novas formas de conhecimento e representação de um mundo imerso em processos de transformação acelerada, crises e turbulências. Nessa busca, torna-se importante o contato com o mundo em primeira mão, tarefa naquele momento pensada como possível com os novos métodos etnográficos e instrumentos de registro audiovisual. Cientistas e cineastas, lançando mão de diferentes recursos, buscam de alguma maneira responder à questão a respeito de para onde caminharia a "civilização".

A Primeira Guerra Mundial introduz vários elementos no processo de conhecimento sobre os povos não europeus; coloca em xeque, por exemplo, os modelos evolucionistas da humanidade, evidenciando a "barbárie" presente no homem civilizado europeu e abrindo a possibilidade de se perceber uma "civilização" no coração do homem selvagem. Inseridos nesse contexto, tanto Malinowski quanto Flaherty vão em busca da construção de um novo olhar sobre os chamados povos primitivos. Para o primeiro, era necessária a construção de um novo método de pesquisa que possibilitasse à antropologia ter acesso ao "ponto de vista do nativo". O segundo aspirava a um novo método de realização capaz de construir um filme que apresentasse os nativos em sua luta cotidiana. Ambos realizaram em seus trabalhos um movimento de perceber esses povos em seus próprios termos por meio da identificação de semelhanças aparentes que eram transformadas em diferenças pelos processos de construção das respectivas representações etnográficas e fílmicas.

Novo olhar etnográfico. Malinowski inicia sua carreira como antropólogo nesse momento de definição e consolidação da disciplina, no qual as experiências das expedições científicas do final do século anterior incentivaram, pelo menos na Inglaterra, as pesquisas realizadas em campo, em oposição aos estudos de gabinete empreendidos até então. Nos Estados Unidos Franz Boas também fará um trabalho pioneiro nesse sentido, mas é o de Malinowski que será consagrado como aquele que inaugura o moderno método etnográfico. Em 1914 Malinowski foi surpreendido em campo, na Melanésia, pela Primeira Guerra Mundial. Impedido de retornar à Europa, iniciou uma nova pesquisa nas ilhas Trobriand, onde permaneceu por quase dois anos distribuídos em duas viagens. Essa longa permanência em meio ao grupo estudado introduziu uma nova postura no método do trabalho de campo, que permitia o acompanhamento e a participação do pesquisador na vida social e cotidiana de seu objeto de estudo. A experiência trouxe para discussão não só ricos dados etnográficos sobre os trobriandeses, como também uma série de questões de ordem epistemológica que influenciaram profundamente os fundamentos da disciplina.

Para Malinowski a pesquisa de campo é fundamental justamente por permitir, pela convivência intensiva, o acesso a um rico material sobre as várias instâncias da vida do grupo, sempre orientado pelo cotejamento do que seus informantes dizem com o que ele observa. Segundo Malinowski, salienta Eunice Durham, "é necessário contrapor as idéias às emoções, o comportamento observado ao comentário que sobre ele tece o nativo, a visão que o antropólogo constrói da cultura à síntese inconsciente que, presente na 'cabeça do nativo', orienta e dá significado às suas ações".

Esse cuidado com a observação e as formas de utilização dos dados empíricos é fundamental no trabalho que ele desenvolve, pois é essa a forma possível de penetrar e compreender a especificidade dos diferentes grupos sociais. A busca de maneiras de perceber e entender a lógica própria de cada grupo é um dos princípios que norteiam sua prática antropológica. Seu objetivo é reconstruir uma realidade cultural específica como um universo integrado e singular de significados.

Essa postura é uma crítica contundente à forma evolucionista de pensar os diferentes grupos humanos, pois na abordagem de Malinowski não fazia sentido uma comparação entre eles por meio de elementos isolados da vida social. É preciso entender o grupo em sua lógica e seus contextos específicos, pois eles formam um sistema integrado no qual um elemento depende do outro. A realidade social de cada grupo é considerada uma totalidade que deve ser compreendida internamente.

Esse procedimento teórico leva Malinowski a construir um modelo de análise, que chamamos de "presente etnográfico", em que o pesquisador isola um determinado grupo no tempo e no espaço, mergulhando nessa realidade justamente para dar conta de perceber e compreender seu funcionamento como uma totalidade. Para Malinowski, cultura não é apenas um conjunto de manifestações rituais, mas um conjunto amplo que inclui também as técnicas e tecnologias empregadas na vida prática, a arte, a religião e as próprias relações sociais, todas integradas e inter-relacionadas. O ponto de partida para a compreensão dessas múltiplas facetas é a ação concreta dos indivíduos.

A novidade do trabalho de Malinowski está no método de pesquisa e no conteúdo a partir dele elaborado, e também na forma com que organizava e trazia a público sua pesquisa. Seus textos etnográficos são muito ricos em imagens. Neles, os trobriandeses são descritos em toda sua vivacidade e humanidade. Os leitores são levados a esse mundo tão diferente do nosso pela compreensão. Os costumes "estranhos" ou "selvagens" tornam-se pouco a pouco familiares, já que são compreensíveis. Suas atitudes não são apenas do mundo da natureza, mas profundamente humanas, posto que investidas de sentido, de uma lógica própria, e referenciadas a um universo simbólico compartilhado.

Novo olhar cinematográfico. Ainda no início do século XX, algumas experiências de realização fílmica vinculadas a contextos etnográficos acontecem na América, e o cinema consagrado ao real torna-se bastante popular. Edward Curtis, conhecido por suas séries fotográficas sobre os índios norte-americanos, faz um épico sobre os Kwakiutl denominado *In the Land of the Head Hunters* (1914), renomeado ao ser relançado em 1973 como *In the Land of the War Canoes*, após remontagem e sonorização realizadas a partir de fragmentos do original pela University of Washington e o Burke Museum. Nesse filme Curtis constrói uma ficção, uma história romântica protagonizada por um casal kwakiutl, entremeada de danças, rituais e diversos aspectos da cultura material dos Kwakiutl. A visão romântica desse filme, associada à feitiçaria e a rituais exóticos, deixou marcas importantes no imaginário construído a respeito dos grupos indígenas norte-americanos e no cinema produzido por Hollywood nos anos 1940 e 50.

Também nesse período, no Brasil, o major Luiz Thomaz Reis, responsável pela Seção de Cinematografia e Fotografia da Comissão Rondon, enveredou por um caminho em que a realização fílmica estava vinculada a contextos de grande interesse etnográfico. As atividades da Comissão abrangeram um amplo território fronteiriço e, até aquele momento, pouco conhecido do interior do Brasil, e ao longo dos anos de atuação, seus membros travaram contato com inúmeros grupos indígenas, muitos ainda desconhecidos.

Desses anos de atividades resulta o enorme legado a que hoje temos acesso na forma de publicações, documentos, relatórios, estudos de caráter etnográfico e lingüístico, fotografias e filmes. O major Reis foi peça fundamental nesse processo de documentação imagética, deixando-nos filmes como *Rituais e festas Bororo*, de 1917, de expressiva importância para a história do filme etnográfico, dados seu pioneirismo e sua proposta narrativa, alinhada às novidades da época. Reis aborda de maneira singular um importante ritual do grupo indígena bororo, do Mato Grosso, buscando construir seu sentido a partir de elementos da lógica local, fato raro em contexto de absoluta exotização, cuja pauta era tratar filmicamente elementos de outras culturas.

Esse filme faz parte de um conjunto mais amplo de imagens produzidas pela Comissão Rondon e traduz um momento da construção da imagem do índio como ser intocado, exemplo de uma cultura que mantém intacta suas práticas tradicionais e que, em virtude do contato permanente com as frentes de expansão, é "assimilado", "civilizado" e finalmente incorporado à sociedade nacional, como apontam os filmes posteriores.

Em 1922, Robert Flaherty realiza seu filme sobre os esquimós, *Nanook of the North*, e, tal como Malinowski fizera entre os trobriandeses, segue um plano de inserção no contexto de trabalho baseado numa longa permanência entre o grupo. Ao observar a cultura nativa, Flaherty introduz o conceito de câmera participante, que não só toma parte dos eventos registrados, mas também procura refletir a perspectiva do nativo. Isso se realiza por meio das exibições do material filmado, ao longo da produção do filme, aos Inuit (denominação moderna para os esquimós) e na abertura para seus comentários, que iam sendo incorporados ao processo de realização do filme.

Outro grande mérito desse filme reside no fato de o espectador ser levado a identificar-se com pessoas reais que pertencem a um contexto social definido e distinto. A representação desses indivíduos é marcada por sua luta incessante contra uma natureza hostil e pela afirmação do homem como agente, temas recorrentes nos filmes posteriormente produzidos por Flaherty, como *Moana* (1926), *Man of Aran* (1934) e *Louisiana Story* (1948).

Tanto quanto Malinowski, Flaherty acreditava que a história deveria emergir do material de campo. Ele, contudo, reconstrói esse mundo a partir de uma perspectiva que é, em alguns sentidos, fixa. Sua câmera é estática, obviamente também por causa dos limites técnicos da época, que colocavam à disposição dos realizadores câmeras pesadas e películas lentas. No entanto, essa postura também contribui para a circunscrição da abordagem que, como na etnografia de Malinowski, cria uma idéia de presente etnográfico. Flaherty passou 12 meses filmando *Nanook*, interessado, como estivera Malinowski, em traçar o perfil de uma cultura por meio das ações dos indivíduos que lhe dão corpo. Havia então grande consciência da pessoa como indivíduo único e da importância de falar sobre as culturas por meio de seus sujeitos e de suas práticas.

Seu interesse pelos Inuit inicia-se com uma viagem realizada em 1910 a fim de trabalhar em estudos preliminares para a construção de uma ferrovia no norte do Canadá. Flaherty produziu, durante seis expedições que realizou à área ocupada por esse grupo, uma grande quantidade de material fílmico, que foi perdido em um incêndio depois de seu retorno a Toronto. Felizmente, comenta o próprio Flaherty em artigo escrito na época sobre a realização de *Nanook*, justificando-se por considerar aqueles filmes ainda muito amadores.

A partir daí cresceu seu interesse pelo cinema e, em 1920, inicia uma nova filmagem, agora com patrocínio de uma empresa que comercializava peles. Seu aparato técnico incluía também a possibilidade de revelar os filmes em campo, o que permitia mostrá-los aos Inuit à medida em que eram feitos, compartilhando dessa forma o processo de realização.

Nanook era um dos líderes do grupo de esquimós e tornou-se seu principal informante. Durante as filmagens, três rapazes também auxiliavam Flaherty, porém muitas outras variáveis estavam envolvidas — esposas, famílias, cachorros, trenós, caiaques e equipamento de caça. No filme, uma seqüência se destaca pela dramaticidade: a caça à foca. Nela, acompanhamos Nanook munido de um arpão andando em solo gelado e olhando com atenção para onde seus pés pisam. Ele procura algo. Pouco depois o vemos observar um pequeno orifício em meio a grossa camada de gelo e arremessar seu arpão em direção a algo dentro dele. A partir daí um longo processo se inicia. Parece que Nanook de fato acertou com seu arpão um animal, que, contudo, parece resistir bravamente à captura. Nanook puxa e é puxado. Tenta novamente içar o animal da água e é novamente puxado. Após várias tentativas, chama seus companheiros e sua família para ajudá-lo.

Essa é uma das mais belas cenas do filme: num plano com enorme profundidade de campo vemos em primeiro plano Nanook agarrado à corda presa ao buraco e, atrás dele, chegando até o horizonte longínquo, um imenso branco, no qual alguns pontos pretos atestam a presença de outros homens. Aos poucos, num grande plano-seqüência vemos essas pessoas e, agora também, cães se aproximarem. Todos, homens, mulheres e crianças, num esforço coletivo, finalmente conseguem trazer o animal à superfície. Ao final dessa longa seqüência, na qual nos envolvemos intensamente, todos comem com expressão de rejúbilo a carne da foca recém-caçada.

Essa foi justamente a primeira seqüência filmada e a todos mobilizou. Foi também a primeira parte do filme vista pelos esquimós durante o processo de realização de *Nanook*, e a primeira vez que eles assistiram a um filme. O diálogo estabelecido com Nanook e seus companheiros ao longo de todo o processo de filmagem — intensificado justamente por essa experiência de devolução do material filmado ao grupo — é o que firma uma relação de confiança entre Flaherty e seus sujeitos e marca todo o trabalho realizado. Nanook contava suas façanhas a Flaherty e esperava que ele tivesse interesse em filmá-las. No caso da seqüência da caça à foca, foi exatamente isso que aconteceu.

Tanto Flaherty quanto Malinowski estavam interessados em um modo particular de ver e reconstruir a realidade tratada: uma representação estável em termos de tempo e espaço e com uma certa "aura". As transformações não eram o foco de interesse, como se ao serem abordadas pudessem colocar em risco a permanência da especificidade desses povos. Tanto o trabalho de campo quanto a imagem em movimento foram utilizados para elaborar uma imagem totalizante e única dessas sociedades, além de serem narrativas contundentemente realistas. Enquanto Malinowski procurou retratar o ponto de vista do nativo trobriandês, o filme de Flaherty procurou descrever o mundo dos Inuit a partir de Nanook.

Nanook of the North foi o primeiro filme ao qual se aplicou o termo documentário, cunhado por John Grierson, cineasta inglês atuante nos anos 1930 que defendia a criação de um gênero fílmico específico, preocupado com a representação da realidade. Flaherty era um cineasta amador e viajante, exatamente o tipo de perfil de trabalho do qual a moderna antropologia científica queria se distanciar nesse período de consolidação de novos paradigmas na disciplina. Provavelmente por esse fato ele foi ignorado pelos antropólogos por muitos anos. No entanto, podemos perceber que a ameaça não estava na figura do aventureiro, mas na postura consciente, compartilhada por Malinowski, da necessidade de provocar uma reflexão sobre a natureza da humanidade.

Paradigmas de um cinema antropológico: Mead e Bateson, Rouch e MacDougall

Embora as relações entre construção do conhecimento antropológico e de narrativas fílmicas sempre tenham sido bastante instigantes, a constituição de um campo de pesquisa da antropologia que lidasse com análise e produção de imagens demorou a se constituir.

A partir dos anos 1930 o paralelismo entre as duas histórias apontadas até aqui atinge seu ponto crítico com o estabelecimento de duas categorias: a *etnografia científica* e o *filme documentário*. Nesse momento elas se espelham uma na outra a ponto de nos perguntarmos sobre o porquê dessa separação tão drástica. Na história da antropologia temos algumas exceções no que tange à tentativa de integrar a produção audiovisual e fotográfica à pesquisa antropológica, e elegemos três dessas experiências para analisar aqui: a de Margaret Mead e Gregory Bateson, a de Jean Rouch e a de David e Judith MacDougall.

Margareth Mead e Gregory Bateson: ambição e experimentalismo. Entre 1936 e 1939 os dois antropólogos, na época casados, fizeram seus estudos de campo sobre comportamento em Bali, Indonésia, e produziram cerca de 25 mil fotografias e sete quilômetros de rolos de filme. As fotos editadas, com uma análise antropológica, foram publicadas no livro *Balinese Character*, em 1942. O material fílmico só foi montado dez anos depois, sem a participação de Bateson, e forma, ao final, um conjunto de sete filmes. Nessa experiência pioneira, Mead e Bateson buscavam por meio do registro visual apreender e compreender o *éthos* balinês. Não pretendiam realizar uma pesquisa sobre os costumes balineses, mas sobre o balinês, ou seja, como ele incorpora (*embody*) essa abstração que chamamos de cultura por meio do movimento, dos gestos e dos olhares.

Seguindo o caminho aberto por Marcel Mauss, em seu estudo sobre as técnicas corporais, e a influência direta do culturalismo de Franz Boas, Mead e Bateson objetivavam estudar em Bali as relações e os comportamentos estabelecidos pelas regras culturais expressas por elementos da comunicação não verbal, como padrões gestuais e corporais nas relações entre pais e filhos, irmãs e irmãos e nas condutas vinculadas a relações pautadas pelo respeito, elevação, hierarquia etc.

Mead e Bateson atribuíram à utilização de fotografias e filmagens um papel fundamental em sua pesquisa. Contudo, esse papel estava vinculado à crença na objetividade do registro fotográfico e fílmico como suporte para preservação de registros das expressões visuais de padrões culturais que estariam fadados à extinção. Seria tarefa da antropologia dar a conhecer, estudar e produzir registros das culturas de todo o mundo antes que elas viessem a desaparecer, e, nesse sentido, a fotografia e o cinema, considerados em seu aspecto técnico, se configuravam como instrumentos poderosos.

Antes de realizar sua pesquisa em Bali incorporando o cinema e a fotografia como instrumentos de pesquisa para abordagem de temas ligados a comportamentos e regras sociais, e estimulada por Franz Boas, seu orientador, Mead já realizara outras pesquisas sobre assuntos afins, como sua abordagem da temática da puberdade e da sexualidade.

Boas incentivava investigações comparativas, embora defendesse a idéia de que o conhecimento do que há de comum entre as diversas culturas só teria sentido se primeiro os antropólogos se empenhassem em dar sentido a suas singularidades na tentativa de compreendê-las em seus próprios termos. Boas também estava muito interessado no estudo das relações dos indivíduos com os laços culturais, e, nesse sentido, percebemos sua influência no trabalho de Mead, que avançava cada vez mais no caminho de uma abordagem psicoculturalista a partir de uma perspectiva intercultural. Esses trabalhos de Mead foram publicados como *Growing Up in New Guinea* (1930) e *Sex and Temperament in Three Primitive Societies* (1935).

Por sua vez, Bateson, antes de empreender a pesquisa com Mead em Bali, aproximando-se do funcionalismo antropológico inglês de Malinowski e Radcliffe-Brown, já havia realizado um trabalho entre os povos da Nova Guiné (*Naven*, 1936), no qual realizou um aprofundamento crítico em relação às noções de função e estrutura, procurando perceber o papel que o elemento sensível e emotivo desempenhava dentro de uma cultura: os papéis do *éthos* e do *eidos*. Para Bateson, nenhum estudo funcional de uma cultura estaria completo se a percepção do papel do *éthos*, compreendido como a "tonalidade afetiva geral da cultura", não fosse levada em consideração.

Juntando suas experiências anteriores e partindo da noção de *éthos* construída por Bateson, os dois antropólogos partiram para Bali com o objetivo de realizar um estudo sobre a constituição do conhecimento cultural não verbal, como ele se estrutura e se expressa na vida cotidiana. Para isso, lançaram mão da fotografia e do cinema como aliados poderosos.

Como informa o antropólogo Etienne Samain, que dedica um longo artigo à contextualização e problematização desse trabalho, Mead e Bateson acreditavam na imagem como instrumento de controle dos diferentes graus de sofisticação do lugar do pesquisador na pesquisa. E supunham que as anotações escritas não dariam conta da riqueza de detalhes que o registro fotográfico e fílmico poderia oferecer para o estudo desses elementos da cultura.

Mead e Bateson apostaram não só em outra forma de registro etnográfico, mas também em outra maneira de expressão da reflexão antropológica quando optaram pela utilização extensiva de imagens na publicação dos resultados da pesquisa no livro *Balinese Character: A Photographic Analysis* (1942).

Nessa empreitada, ambos assumiram o desafio de construir uma análise na qual existisse uma circularidade, uma mútua dependência e complementaridade entre a narrativa verbal e a visual, bem como o desafio de desnudar todo o trabalho de edição dos dados da pesquisa, comum a qualquer projeto etnográfico, mas que nunca é explicitado como parte do processo de construção do conhecimento ou na apresentação de seus resultados.

No livro, o corpo central é composto por cem pranchas fotográficas, perfazendo o total de 759 fotos dispostas lado a lado com as análises verbais. A leitura do texto precisa das fotos para adquirir sentido. A leitura das fotos depende das informações que os autores apresentam para se constituir como narrativa etnográfica.

O estabelecimento dessa relação dialógica entre texto e imagem não é uma tarefa simples, ainda mais se pensarmos na problematização que Mead e Bateson fazem do próprio caráter ontológico da imagem. Para ambos, a imagem é polissêmica: se, por um lado, ela tem a capacidade de evocar e elucidar coisas que o texto não consegue expressar, por outro, ela é por demais aberta e precisa de um discurso verbal para direcionar o olhar, a leitura, no sentido da discussão que o pesquisador quer desenvolver.

Outra questão fundamental provocada por Mead e Bateson em *Balinese Character* é a de que, assim como o texto, as imagens produzem idéias. Essa produção de idéias, contudo, parece ser mais "anárquica" e, para ser utilizada como ferramenta científica, precisa ser "disciplinada" em seu cotejamento com o discurso verbal. Essa contenção dos sentidos possíveis, no entanto, parece também ter limites, pois, além de "anárquica", a imagem também seria "rebelde", escapando, mesmo com o trabalho de associação ao texto, às intenções dos autores e provocando outras possíveis associações e sentidos na interação com o leitor.

A utilização da imagem no trabalho antropológico teria, assim, de lidar com essa polissemia, que acaba por tornar mais complexos o movimento de ordenação epistemológica das informações obtidas em campo e também a própria produção de conhecimento, que se faz em várias instâncias: na interação entre antropólogos e sujeitos da pesquisa, na interação dos antropólogos com os dados (nesse caso, imagens e observação de campo para articulações mais abstratas) e na interação dos leitores com a ordenação e análise apresentada pelos antropólogos. Mead e Bateson tinham plena consciência dessa problemática, mas, mesmo assim, assumiram o risco de não só realizar a pesquisa de campo, como também de sistematizar suas reflexões a respeito utilizando a fotografia e o cinema.

Segundo Etienne Samain foram justamente essas características, por um lado experimentais e por outro ambiciosas, de *Balinese Character* e dos filmes de Margaret Mead e Gregory Bateson, no tocante à articulação do discurso verbal e imagético para a construção do conhecimento antropológico, que acabaram levando essa iniciativa a ser considerada, nos anos 1980, obra referencial, fundadora de um campo que passou a ser designado como antropologia visual.

Na dinâmica do trabalho de campo, Bateson era o responsável pelas filmagens e fotografias e algumas pistas nos indicam que a interação dos dois quanto ao estatuto da imagem nessa fase do trabalho não era um ponto pacífico. Mead considerava a câmera quase "um olho espião", para utilizar expressão da antropóloga Anna Grimshaw. A câmera deveria estar estática, registrando impassível a cena que ocorria a sua frente. Ela almejava a menor interferência possível no comportamento e nas atitudes das pessoas filmadas. Já Bateson parecia ser da opinião de que essa câmera "espiã" era incapaz de ver qualquer coisa. A câmera precisava do olho do antropólogo, que é intencional, ou seja, está sempre buscando algo. Não é de estranhar, portanto, o fato de o material filmado em campo só ter sido montado no início da década de 1950 por Margaret Mead, sem a participação de Bateson.

Os sete filmes curtos montados a partir do material produzido em Bali e Nova Guiné versam sobre temáticas como as relações familiares (*A Balinese Family*, 1951), a infância (*Karba's First Years*, 1952; *First Days in the Life of a*

New Guinea Baby, 1952; *Childhood Rivalry in Bali and New Guinea*, 1952; e *Bathing Babies in Three Cultures*, 1954) e a dança tradicional balinesa (*Trance and Dance in Bali*, 1952; e *Learning to Dance in Bali*, 1978).

Esses temas foram trabalhados por intermédio de personagens e situações sempre apresentados pela narração da própria Margaret Mead, inserida na época da montagem dos filmes. Os enquadramentos são sempre abertos e a câmera, estática, o que faz com que as situações sejam feitas para ela ou para os antropólogos atrás dela, cujo olhar parece estar encantado com os corpos em movimento, seja num momento ritual, seja numa situação doméstica cotidiana. O olhar da câmera e, não esqueçamos, do antropólogo, privilegia esse corpo social em movimento, em relação.

Nesse sentido, percebemos pelos filmes que não são as marcas explícitas no corpo que interessam a Mead e Bateson para compreender o *éthos* balinês, mas marcas sutis, presentes nos gestos, olhares e posturas. Aqui o olhar do antropólogo que quer dar conta de conhecer uma alteridade supostamente fadada ao desaparecimento se amplia, buscando o registro extensivo de todos os procedimentos e performances que não poderiam ser descritos de outra forma senão a visual. As imagens captadas equivalem a anotações minuciosas que posteriormente foram analisadas, e são essas análises que se acrescentam às imagens no momento da montagem do filme, da mesma forma que já fora feito com as fotografias.

Jean Rouch: o antropólogo-cineasta. Se até aqui a imagem estava sendo pensada pela antropologia como uma janela de acesso ao mundo ou como um instrumento de registro da realidade mais minucioso, no trabalho de Jean Rouch essa relação entre o fazer antropológico e a produção de imagens torna-se mais complexa.

Com formação em engenharia, Jean Rouch parte a trabalho para a África no final dos anos 1940 e lá entra em contato com uma realidade bastante heterogênea e diferente da que chegava à França pelas etnografias clássicas. Decide, então, continuar seus estudos em etnologia e inicia pesquisa sob orientação de Marcel Griaule. Desde o início, inclui a câmera em sua estratégia de pesquisa, mas o faz de forma questionadora. A perspectiva que vai se construindo não é a de uma câmera de filmar que registra dados etnográficos, mas a de um instrumento de comunicação com a realidade etnográfica. Esse é o primeiro elemento complexificador introduzido por Jean Rouch, que torna mais densas as situações etnográficas nas quais ele se envolve.

A câmera estimula a relação no campo com os sujeitos da pesquisa e provoca a relação, fora do campo, com os espectadores do filme. A prática etnográfica associada ao cinema propiciaria o estabelecimento de uma antropologia compartilhada, alvo importante do trabalho desenvolvido por Jean Rouch, em tempos de revisão e crítica ao colonialismo, e, no caso específico do campo de Rouch, da descolonização e emancipação das nascentes nações africanas.

A recusa, naquela época, por parte de instituições acadêmicas como a Sorbonne na França, em considerar o cinema etnográfico uma forma de produção antropológica legítima acabou por alijar a produção cinematográfica de

Rouch e de outros das esferas de discussão predominantes da antropologia. Essa situação acabou por estimular a discussão que Rouch desenvolvia quanto ao fazer antropológico. O prolífico antropólogo-cineasta produziu mais de cem filmes em sua trajetória de mais de 50 anos de trabalho.

Rouch foi um incansável defensor da expressão da subjetividade no filme etnográfico e ainda do fazer fílmico como espaço privilegiado que possibilitava a associação da linguagem cinematográfica em sua plenitude com os métodos de construção do conhecimento da pesquisa antropológica. Sua questão era como construir reflexões antropológicas *com* e *a partir* do filme. Seu foco foi a utilização do filme como uma forma de contar e expressar coisas que não poderiam ser expressas de outra forma, principalmente o imaginário que povoa a vida dos indivíduos em seu contexto de vida. A câmera e seu operador-antropólogo tornavam-se nesse percurso agentes e sujeitos na realidade etnográfica. Não havia nenhuma intenção de confundir o espectador quanto ao processo de construção que envolvia esse tipo de elaboração do conhecimento: pelo contrário, era imprescindível que ficasse claro o ponto de vista que alinhavava o filme.

Rouch elege a reflexibilidade e a subjetividade como pilares de sua produção intelectual. A verdade do filme estava justamente em tornar clara esta perspectiva: a realidade filmada era a realidade presente nas relações estabelecidas entre o antropólogo e os sujeitos com os quais filmava. Herdeiro por um lado de Flaherty, no que tange a uma câmera participativa, integrada no cotidiano dos sujeitos, e, por outro, do russo Dziga Vertov, que defendia a presença do autor como construtor da realidade ou da verdade fílmica, Rouch construiu um método de trabalho calcado na provocação, na negociação e na criação.

Sua discussão antropológica não se dá na esfera das grandes teorias, mas da prática. A antropologia rouchiana, como aponta Renato Sztutman, é definida pela prática cinematográfica e com ela pretende compor um programa ético. Para Rouch a questão era menos realizar a descrição de uma dada realidade do que estabelecer com o grupo estudado um diálogo sempre potencializado pelo cinema que, como linguagem, poderia ajudar a pensar a prática etnográfica e, por conseguinte, a própria antropologia.

A câmera subjetiva, as improvisações, atuações dos sujeitos filmados e a narração marcando ou sugerindo um olhar específico para o que foi filmado fazem parte de um projeto ético e estético, no qual discurso etnográfico e experiência etnográfica são indissociáveis. Rouch, mesmo tendo colaborado para o aperfeiçoamento do projeto do Nagra, gravador de som inventado por Stefan Kudelski nos anos 1950, que permitia a sincronização do som com a imagem, não utilizou esse recurso na chave realista. A verdade, para Rouch, que gostava de parafrasear Vertov, está no filme. É a verdade do filme. É, portanto, considerando o filme uma forma de acesso a essa outra realidade que leva em conta o imaginário individual e cultural, que Rouch realiza seus filmes. *Moi, un noir* (1957) e *Chronique d'un été* (1961) são bons exemplos da maneira questionadora com a qual Rouch considerava a realização fílmica parte da sua prática antropológica.

Em *Moi, un noir*, a narração, característica de boa parte dos trabalhos de Rouch, se dá em três instâncias, evidenciando a preocupação do autor em criar dentro do filme um espaço de diálogo sem, no entanto, abrir mão da autoria. Na primeira instância, de caráter mais descritivo e tradicional, o narrador, no caso o próprio Jean Rouch, nos introduz aos personagens e ao ambiente de Treichville, bairro de Abdijan, na Costa do Marfim, que o filme toma como cenário. Na segunda e na terceira instâncias inserem-se as vozes dos personagens — como Robinson — que conduzem a narrativa.

O autor traz à cena ainda alguns diálogos entre os atores, que, curiosamente, jamais correspondem à imagem que se vê. A seqüência final do filme é um bom exemplo disso, nela Eddie Constantine e Edward Robinson, em um *travelling* ao longo da costa litorânea de Abdijan refletem sobre a experiência imaginária da guerra da Indochina e sobre seus projetos futuros.

Nessa seqüência, imagem e som estão em evidente descontinuidade, no entanto, integrados em uma unidade de grande lirismo e dramaticidade, evidenciando os dispositivos do filme enquanto linguagem, e principalmente como processo. Isso se dá também na utilização de depoimentos dos protagonistas do filme registrados após a captação, sobrepostos às imagens, comentando sua própria performance e suas indagações ao longo do processo ocorrido.

Chronique d'un été, dirigido em parceria com o sociólogo Edgar Morin, é exemplar dessa espécie de *feedback* propiciado pelo dispositivo do filme. Boa parte dele tematiza a apreciação de seus personagens a respeito de suas performances no filme e, a partir daí, novas questões se colocam e a narrativa se desdobra em caminhos surpreendentes.

David e Judith MacDougall: cinema como meio de pensar a antropologia. David e Judith MacDougall encontram a antropologia nos Estados Unidos, nos anos 1960, em um movimento de busca de um modo de trabalhar com áreas negligenciadas da vida social. O ambiente universitário era então permeado por ideais democráticos, provocado pela memória de um pós-segunda guerra ainda vívido e pelo movimento de crítica ao estado homogeneizador norte-americano e de oposição à Guerra do Vietnã.

Questões sociais fervilhavam e movimentos éticos e estéticos apontavam como possíveis respostas aos caminhos abertos pelo neo-realismo italiano, pelo cinema direto norte-americano, pelo cinema verdade de Jean Rouch e até mesmo pela Nouvelle Vague francesa. No final da década de 1960 David e Judith participaram de um curso coordenado por Colin Young na Universidade da Califórnia, Los Angeles, que tentava aliar uma perspectiva do cinema direto norte-americano à inspiração retirada da etnografia clássica de Malinowski, cuja atenção se voltava para a vida cotidiana. Surge assim o chamado *observational cinema*, cinema de observação.

Para esse novo gênero, a questão do método era fundamental: em seus filmes, entrevistas não são bem-vindas, pois elas privilegiariam a voz enquanto meio de objetivação de um argumento, em detrimento da imagem, marcada pela performance, pelo ato e a ação. Segundo essa visão, ao falar sobre como vivem, as pessoas estariam fazendo uma racionalização da ação, e não é esse o foco das questões que mobilizam esse tipo de cinema. O que interessa é a ação propriamente dita, que contém a possibilidade de refletir a seu respeito e de seu significado para os sujeitos do filme.

A performance para a câmera pressupõe uma afinidade com as performances cotidianas, e a opção é justamente mostrar os sujeitos na vida e não falando sobre ela. Nesse caminho estaria a chave da utilização do cinema como instrumento para construção de um conhecimento antropológico. A realização cinematográfica apresenta-se como uma possibilidade de refletir sobre questões epistemológicas, já que o próprio processo de construção do filme passaria por uma discussão de categorias e métodos muito próximos aos da antropologia. Essa preocupação perpassa todo o trabalho de ambos, que ainda hoje estão em franca produção, já contando com mais de duas dezenas de filmes.

Ainda no final da década de 1960, os MacDougall vão para a África e lá realizam duas trilogias: uma em Uganda, com os povos Jie (*The Live with Herds*, 1968-72; *Nawi*, 1968-72; e *Under Mens Tree*, 1968-74) e outra no Quênia entre os Turkana (*The Wedding Camels*, 1974-77; *Lorangs Way*, 1974-79; *A Wife Among Wives*, 1974-81).

Nessa primeira fase do trabalho existe significativa adesão à proposição do cinema de observação, segundo a qual o cineasta deveria tornar-se invisível no campo a fim de obter dos sujeitos uma atuação mais próxima de sua vida cotidiana. Nessa perspectiva, a familiaridade com o contexto seria a responsável por fazer a câmera desaparecer na cena e, com ela, o realizador. Esse caminho visa a um resultado estético muito próximo dos objetivos do cinema neo-realista, cujos filmes procuram mostrar a vida acontecendo diante das câmeras.

Característica bastante interessante no trabalho dos MacDougall é justamente a constante reavaliação dos objetivos e estratégias colocados nos diversos filmes. Essa postura altamente reflexiva atenua o excesso de racionalismo e fornece ao conjunto da produção extraordinária coerência, cada filme tentando resolver os limites epistemológicos encontrados no anterior.

Após o período africano, David e Judith se transferem para a Austrália, onde atuam como pesquisadores do Centre for Cross-Cultural Research da Universidade Nacional da Austrália. Trabalham também em colaboração com o Australian Institute of Aboriginal Studies e produzem uma série de filmes a partir de uma demanda política realizada por grupos aborígines. Entre eles, estão *Good Bye Old Man*, 1975-77; *Take Over*, 1978-81; e *Three Horsemen*, 1978-82.

Na reflexividade que sempre esteve presente no cinema etnográfico que eles empreendem desde os anos 1960 já estavam presentes elementos como a relevância da experiência individual, o universo afetivo e sensório e as escolhas que fazem parte de todo trabalho de campo, mas que raramente aparecem nas etnografias escritas. Seus filmes querem nos levar a penetrar os momentos da vida cotidiana sem qualquer dramaticidade. Seu foco não recai sobre rituais ou processos de produção da cultura material, mas sobre situações corriqueiras que muitos não perceberiam como bons objetos fílmicos.

Outra característica relevante é que seus personagens/sujeitos são sempre pessoas com as quais os MacDougall criaram vínculos durante a pesquisa etnográfica. Essa situação é sempre explicitada em sutis aparições, como um comentário lacônico dos pesquisadores ou mesmo a inclusão no filme de perguntas dos sujeitos a eles direcionadas.

Se por um lado percebemos sua filiação ao que chamamos de cinema de observação, por outro, eles se afastam da idéia mais radical de objetividade inconteste e explicitam a presença do realizador como participante da situação de pesquisa. Seus filmes não oferecem a presunção da onisciência dos documentários expositivos dirigidos pela narração, nem uma pretensão de objetividade, marca dos documentários de observação.

Eles mostram de forma sutil a participação dos pesquisadores no processo de construção de conhecimento sobre o outro. Esta é, aliás, a questão central de todo o trabalho de David e Judith MacDougall: a construção do conhecimento pela interação da realização cinematográfica na pesquisa etnográfica.

Seus filmes, sempre cuidadosos em relação ao diálogo com seus interlocutores, nos fazem realizar o que David MacDougall reafirmou diversas vezes em textos e entrevistas: "Refletir sobre a vida de alguém e suas relações com os outros é também dela participar." A reflexão não ocorre após o trabalho de campo, mas durante todo o processo em que vivemos a situação do campo e o grande desafio é como construir essa experiência fílmicamente.

Partindo dessa perspectiva, é impossível separar a elaboração da pesquisa da própria situação fílmica. Ao optar por filmes sem muitas entrevistas ou narrações, mas com diálogos explícitos ou implícitos entre pesquisador e sujeitos e com cenas longas em que acompanhamos as ações dos sujeitos, eles pretendem trazer para o filme a qualidade de nos fazer mergulhar na experiência da relação construída para a pesquisa.

A reflexividade expressa-se como estilo ou proposta porque não há como separar a realização do filme das preocupações epistemológicas que acompanham esse processo: como o filme representa o conhecimento? que tipo de conhecimento está disponível para os antropólogos/cineastas? como lembrar aos espectadores que os filmes sempre marcam um ponto de vista que é construído numa situação de pesquisa que é também a própria situação fílmica?

Para David MacDougall a reflexividade está sutilmente presente no filme e, para percebê-la, o espectador precisa engajar-se de forma mais imaginativa; a reflexividade, portanto, não está na presença física dos pesquisadores ou do aparato técnico nos enquadramentos, mas no movimento de câmera, no enquadramento, na seleção do que está dentro e fora do quadro, na opção da montagem, enfim, em uma grande quantidade de elementos que o próprio cineasta não pode precisar, justo porque ele está intimamente envolvido na situação vivida e filmada.

Aqui existe mais um dado interessante a se perceber no trabalho de David e Judith: as características etnográficas não estão somente no assunto tratado, que pode ser mais ou menos exótico, nem na explicitação verbal dos objetivos, tampouco num suposto respeito ético para com os sujeitos do filme. Está essencialmente na estética que é construída no filme.

Em finais dos anos 1980, os MacDougall passam a desenvolver projetos de pesquisa na Índia e o primeiro filme dessa fase é *Photo Wallahs* (1988-91). Nele, o foco recai sobre a questão da visualidade ou, melhor, nas formas visuais do conhecer. Existe uma preocupação explícita em tratar fílmicamente questões como a experiência, a subjetividade e a intuição no processo de construção da vida cotidiana e do conhecimento antropológico.

Photo Wallahs tem como tema central a questão da hierarquia social e também a da hierarquia estética. Não há qualquer intenção de fixar um significado estrito por meio do filme, pois ele, assim como as fotografias, que são seu tema, permanece aberto e indeterminado. O filme está ancorado, por um lado, em uma perspectiva temporal e, por outro, numa perspectiva espacial.

Pergunta-se o significado da fotografia e de seus usos para pessoas de uma cidade turística nas montanhas. Mostram-se fotos que são produzidas no momento das filmagens e fotos antigas apresentadas por alguns fotógrafos veteranos. Somos levados a outra questão, que é o vídeo, também se colocando como faceta importante para entender as novas e antigas relações construídas sobre a imagem. Essas questões vão sendo apresentadas não num discurso direto e racional, mas numa série de justaposições de imagens e tempos: imagens que evocam em vez de explicitar um significado. A questão epistemológica que se coloca numa proposta como essa é: que tipo de conhecimento é produzido quando lidamos com fotografias e filmes ou vídeos produzidos num contexto no qual seu sentido desliza?

Interessante, também, é perceber que o ato de realizar um filme parte de uma preocupação etnográfica em compreender os contextos com os quais se está envolvido, o que não implica necessariamente a realização de uma etnografia escrita sobre essa mesma experiência. Embora David MacDougall escreva bastante sobre suas reflexões, o momento-chave para que essa etnografia aconteça é o momento da realização do filme, pois é nessa situação que podemos compreender aspectos culturais que não surgiriam de outra forma.

Aqui a cultura não está sendo considerada algo anterior e que é preciso fazer o filme mostrar. A cultura é expressa nas relações que são construídas e evocadas em situações contextuais, como a da realização do filme. Existe nessa perspectiva um certo posicionamento crítico em relação a uma noção essencializada de cultura embutida na noção de presente etnográfico. Nesse sentido, os filmes de MacDougall se afastam da inspiração malinowskiana.

De maneira sintética, podemos dizer que as preocupações que norteiam o trabalho de David e Judith MacDougall caminham no sentido de colocar a noção de realidade e de representação justapostas para instaurar uma possível reflexão entre essas duas instâncias sempre apresentadas em oposição.

O filme se configura assim como uma arena para se exercer uma forma de engajamento no mundo, expressando uma relação entre filme e política, e uma forma de questionamento do mundo. Ele exige um papel ativo e criativo do espectador, pois evoca em vez de demonstrar e o coloca também na posição de agente, tanto quanto o sujeito e o pesquisador, na construção dos sentidos possíveis.

O filme construído com esse propósito é capaz de tornar-se experiência, de tornar-se parte das subjetividades envolvidas na sua realização. Aqui chegamos a um ponto importante, que é o fato de David MacDougall desenvolver em seus artigos as questões epistemológicas que mobilizam suas pesquisas/filmes e neles ter forjado o conceito de "cinema intertextual" para o tipo de cinema etnográfico que ele propõe e realiza. A partir desse conceito, a relação construída entre realização cinematográfica e pesquisa ou entre pesquisador/realizador e sujeitos do documentário torna-se o foco do problema. O cinema intertextual cria no espaço de realização do filme um ambiente também privilegiado para a reflexão antropológica, pois é pensado como o lugar do encontro, como o espaço em que "observadores" e "observados" não estão essencialmente separados, e em que a observação recíproca e a troca estabelecida foram o centro sobre o qual recai o foco — intersubjetividades criando intertextualidades.

Se lembrarmos que no início do cinema e da antropologia havia uma tendência catalogadora das diferenças, percebermos que, com o passar do tempo e com as mudanças epistemológicas, essa preocupação cede terreno, embora não se esgote, para uma postura que assume a troca de olhares. O significado não é dado *a priori* nem espera para ser decifrado; é antes construído a partir da interação entre os sujeitos envolvidos na experiência da construção do conhecimento que, no caso das experiências aqui levantadas, é potencializada pela realização fílmica.

É interessante perceber que a questão da reflexividade presente nas experiências da produção de imagens no âmbito da pesquisa etnográfica antecede seu aparecimento na experiência etnográfica ou antropológica mais tradicional e expressa na etnografia escrita que só vai ser problematizada ao longo da década de 1980. A utilização da linguagem audiovisual "despida" de seu efeito de real, de sua naturalidade, apresentou-se, assim, como um recurso fértil para incorporar a reflexividade no fazer etnográfico. A linguagem audiovisual ajudou de certa forma a evidenciar e a problematizar a "construção" ou o "efeito de real" das etnografias clássicas.

Qual o lugar da imagem na pesquisa antropológica?

Até aqui exploramos alguns aspectos do desenvolvimento paralelo do cinema e da antropologia demarcando os pontos de contato e a consolidação de uma prática audiovisual no campo antropológico. Olhando, porém, para esse longo processo de desenvolvimento, cabe perguntar acerca dos usos da imagem em geral e da imagem em movimento, em particular no âmbito da antropologia. Imagem como método ou técnica adotados na pesquisa de campo, dado bruto de pesquisa ou registro, expressão de um processo de pesquisa e ainda a imagem, ou narrativas visuais e audiovisuais, como objeto de análise para a antropologia são alguns dos caminhos abertos nesse sentido.

Se é verdade que a antropologia sempre teve grande interesse pelo visual, é também evidente sua dificuldade quanto à maneira de lidar com ele na prática antropológica, o que se expressa na própria dificuldade em definir um estatuto claro para esse campo.

Historicamente, como vimos, o foco na utilização de imagens estava a princípio direcionado para o conteúdo, para uma alternativa "mais segura" e mais "objetiva" de registro das observações de campo. A câmera era considerada quase um instrumento de precisão, mas aos poucos o recurso da imagem na pesquisa antropológica foi-se descolando da função de registro de dados etnográficos e ganhou outras possibilidades.

Produção de imagens como método ou técnica adotado na pesquisa de campo. Mesmo quando o propósito do uso de imagens na pesquisa possui um cunho mais "documental" de registro de informações e situações de campo, elas podem ser utilizadas no trabalho com uma série de variações. A produção de imagens no âmbito da pesquisa de campo pode, nesse sentido, ater-se a uma aderência "realista", na qual elas figuram como material comprobatório da presença do antropólogo em campo, um exemplo "palpável" de situações e contextos etnográficos ou ainda como descrições visuais destas mesmas situações.

Há, contudo, outra aproximação, segundo a qual essas imagens captadas no processo de pesquisa são, elas mesmas, objeto de reflexão e análise. Neste último caso, a imagem não é vista como dado empírico objetivo, mas como ponto de partida para uma reflexão conjunta sobre determinados contextos e situações, e podem ou não constituir material a ser incluído no formato final de apresentação dos resultados da pesquisa, seja tese, artigo ou relatório. São imagens de um processo e a decisão de expô-las na reflexão final depende das escolhas e dos objetivos do pesquisador.

Nessa situação, podemos citar, como exemplo, imagens captadas que são utilizadas como parte da devolução do trabalho do antropólogo aos grupos pesquisados, como vídeos e fotografias que são mostrados e comentados pelos sujeitos durante o próprio processo de pesquisa, e também imagens utilizadas com mediadores para o estabelecimento de vínculos com os sujeitos no campo, como retratos e gravações em vídeo por eles solicitadas e cuja realização firma importante reciprocidade para o desenvolvimento da pesquisa.

A imagem como expressão de um processo de pesquisa. O desenvolvimento estético do documentário influenciou profundamente os moldes do filme etnográfico. Se, por um lado, os cineastas contribuem para o questionamento da objetividade e do realismo do registro fílmico — e desse aspecto a antropologia dificilmente conseguirá se desvencilhar —, por outro lado, os antropólogos contribuem para o questionamento sobre a forma de apreensão e interpretação da realidade filmada.

A antropologia que mobiliza imagens em sua prática mostra que, isoladamente, a observação possui limitações quanto à produção de conhecimento. Mostra que a pertinência da observação etnográfica está centrada na construção de um olhar compartilhado, resultante da interação e do confronto entre universos culturais distintos. Pensamos que é nesse aspecto que o filme etnográfico pode potencialmente distanciar-se do filme documentário convencional.

Existe uma longa discussão sobre a pertinência ou não da denominação filme etnográfico e ela também se confunde com a discussão mais geral da definição de um campo para a prática antropológica que lida com a imagem. De forma geral, essa categoria é pleiteada por antropólogos que realizam filmes e vídeos em suas pesquisas e sentem necessidade de distinguir essa realização das empreendidas pelos meios de comunicação de massa ou mesmo por cineastas e jornalistas, que atuariam orientados por objetivos diversos do projeto antropológico.

O primeiro elemento levantado como bandeira é a presença de uma longa pesquisa que informa e forma o filme. Não basta o tema ou o contexto de realização do filme ser "tipicamente" etnográfico, como grupos minoritários ou tradicionais, ou conflitos sociais. Para ser classificado como etnográfico, seu processo de realização deve ser informado por preocupações antropológicas. A realização do filme deve fazer parte de um processo de reflexão antropológica na qual ele se afirma como expressão.

À parte toda uma discussão sobre os graus de valor etnográfico, ou sobre o quanto um filme pode estar mais próximo ou mais distante dos propósitos antropológicos, encabeçada por Karl Heider em seu livro sobre o filme etnográfico, talvez a busca de uma especificidade desse tipo de filme se coloque no âmbito de um processo também específico de realização. Nesse sentido, nem sempre essa característica é visível no produto final.

Muitas pessoas julgam precipitadamente que o filme etnográfico deva ter técnica e estética toscas, como se esse dado fosse menos importante que o conteúdo tratado. Contudo, percebemos nos exemplos de Jean Rouch e David MacDougall que tanto técnica como estética são elementos constitutivos do que a linguagem audiovisual pode oferecer como possibilidades para uma reflexão acerca de um tema de interesse antropológico.

O julgamento que se apóia em morfologias a fim de conferir ao filme um rótulo ou mesmo um status — e, no fundo, é disso que se trata — vai depender de informações que invariavelmente estão fora do filme e esvaziam discussões de natureza classificatória.

Quando falamos a respeito da imagem como expressão de um processo de pesquisa, estamos de certa forma assumindo o quão estéril pode ser a tentativa de classificar e rotular uma prática, o que não significa, entretanto, que estamos renunciando a refletir sobre a especificidade dessa prática.

Podemos retomar, nesse sentido, o conceito de "cinema intertextual" de David MacDougall, ou seja, que o espaço de realização do filme serve também à reflexão, desde que pensado como o lugar do encontro e possibilitando, dessa forma, um entendimento da produção de imagens ou narrativas audiovisuais como inseparáveis da produção de questões teóricas no âmbito de uma pesquisa etnográfica.

Nesse caminho vão também as reflexões de Etienne Samain ao afirmar que as linguagens audiovisuais definem formas específicas de apreensão do mundo e proporcionam estilos cognitivos e modos de compreensão e interpretação próprios. Elas oferecem alternativas para a construção de modos de ver, elaborar e construir o conhecimento.

Assim, além de método, as linguagens visuais e audiovisuais promovem "matrizes gerativas de uma outra maneira de pensar novos e velhos campos da antropologia" e se mostram particularmente eficazes para compreender em novas direções o imaginário humano, individual e coletivo.

Imagens ou narrativas visuais e audiovisuais como objeto de análise. Imagens fotográficas, fílmicas e, mais recentemente, videográficas retratam a história visual de uma sociedade, expressam situações significativas, estilos de vida, gestos, atores sociais e rituais e aprofundam a compreensão de expressões estéticas e artísticas. Nesse caso, o que está em jogo é a análise de imagens e discursos visuais, produzidos no âmbito de uma cultura, como uma possibilidade para dialogar com as regras e os códigos dessa cultura. Imagens podem ser utilizadas como meio de acesso a formas de compreensão e interpretação das visões de mundo dos sujeitos e das teias culturais em que eles estão inseridos.

Nossa sociedade confere ao olhar um enorme poder. Até mesmo os atos de pensar e de conhecer parecem ter origem no olhar, se levarmos em conta disciplinas como a antropologia, que se baseia sobretudo no método da observação. Partindo desse princípio, construímos todo um conjunto de códigos e significações fundamentados na experiência visual que são, na maioria das vezes, naturalizados. Podemos perceber facilmente o quanto a leitura e a escrita requerem um longo esforço de aprendizagem, mas não costumamos considerar o mesmo em relação às linguagens visuais. Talvez por estarem ligados a nossas relações mais primárias com o mundo, olhar e ver não se distinguem.

O antropólogo que lida com a imagem não pode, no entanto, destituir o olhar de sua força de significação. O olhar capta o que pode significar, diferentemente da visão, que é uma competência física do corpo humano. Sua visão é genérica, o olhar é intencional, e as formas de olhar são resultado de uma construção que é cultural e social.

Os trabalhos antropológicos que lidam com a análise da imagem nessa perspectiva lidam também com o cruzamento de olhares: o do autor das imagens, os dos sujeitos da imagem e o do próprio pesquisador. É nesse cruzamento de intencionalidades que reside a possibilidade de pensar a imagem como um objeto fértil para a reflexão antropológica.

A imagem sempre esteve presente na experiência humana se a entendermos como qualquer representação da "realidade". No entanto, no mundo contemporâneo, ela se tornou o centro das formas de fruição do mundo — está nas ruas, nas casas, no céu, nas roupas, nos jornais, nos carros, formando uma espécie de banco de referências para a construção da experiência cotidiana. A comunicação se estabelece por meio de signos e estes se transformam culturalmente em significações. As representações são justamente as manifestações exteriores dessa significação construída pelos indivíduos em seu fazer cotidiano. Uma representação não é uma realidade observável, mas um conjunto abstrato que só conhecemos por certas manifestações exteriores que reconstituímos mediante relatos, imagens e narrativas.

Nesse sentido, o contexto em que as imagens são construídas e articuladas é fundamental para percebermos os possíveis significados criados. O *contexto* é crucial na análise dos filmes não por ser definitivo, mas por ser provocativo, sugestivo, por viabilizar a construção de um quadro de possibilidades. As imagens que compõem um filme são elementos que, considerados em conjunto, nos permitem pensar, articular significados que, de forma isolada, não aconteceriam.

Que representações surgem na produção cinematográfica de uma época ou de um grupo social? Que imagens se integram às representações? Em que medida, no cinema, essas representações se tornam coletivas? Trabalhar com filmes exige saber que se está trabalhando com a representação de um imaginário cotidianamente recriado e em movimento.

Uma forma bastante comum de olhar a relação entre cinema e sociedade é a que define o primeiro como um reflexo da segunda. Talvez essa seja a forma mais imediata, embora também a mais enganosa, de lidar com essa relação.

Outra visão, a nosso ver mais rica e cheia de possibilidades, é a que encara a relação entre cinema e sociedade como uma rua de mão dupla. O cinema é, sim, produto das formas pelas quais uma sociedade constrói suas representações. Um filme opera os códigos culturais da sociedade da qual ele é originário. Ele faz parte de um contexto. Mas esse mesmo filme, por suas características de interação com o indivíduo por meio de sua linguagem, possibilita um retorno, de forma "digerida" ou "ressignificada", dessas representações para a sociedade. O cinema faz parte da realidade social contemporânea e, como parte irredutível do social, constitui uma dimensão pela qual os homens constroem a percepção de si mesmos e do mundo.

Dessa perspectiva, o cinema não pode ser entendido como algo pronto e operacionalmente utilizado para fortalecer regras e definir relações sociais, nem tampouco só ser considerado em seus termos técnicos ou estéticos. Como Clifford Geertz alertou: a arte faz parte da vida. É preciso entendê-la, então, como parte de um complexo processo pelo qual procura-se dar sentido ao mundo, e o cinema como um processo que busca imprimir uma significação possível para o mundo operando sua reelaboração visual e sonora.

Elementos estéticos como a luz, a cor e o enquadramento, quando observados desse ponto de vista, tornam-se elementos simbólicos, e os filmes, artefatos culturais extremamente férteis para o estudo antropológico. Em um movimento espiralado estamos continuamente ordenando e, de maneira simbólica, recriando o mundo e, nesse sentido produzindo conhecimento.

De acordo com a antropóloga Sylvia Caiuby Novaes, a análise de filmes e vídeos permite outra entrada na história cultural de grupos sociais, bem como um melhor entendimento dos processos de mudança social, do impacto do colonialismo e da dinâmica das relações interculturais. Dessa forma, imagens de arquivo ou contemporâneas coletadas em pesquisa de campo podem e devem ser utilizadas como fontes que conectam os dados à tradição oral e à memória dos grupos estudados.

Assim, o uso da imagem acrescenta novas dimensões à interpretação da história cultural, permitindo aprofundar a compreensão do universo simbólico que, por sua vez, se exprime em sistemas de atitudes pelos quais se definem grupos sociais, se constroem identidades e se apreendem mentalidades.

Como antropólogos, nos interessamos pelo estudo de mitos, máscaras e rituais, procurando, mediante análises detalhadas, elementos que nos permitam uma melhor compreensão da organização social de uma determinada sociedade e do universo de valores que orientam padrões de comportamento e mesmo as categorias básicas de um pensamento que é culturalmente marcado.

Muitas vezes não percebemos que, tanto quanto esses aspectos da organização social e da cultura material, imagens fílmicas e fotográficas podem revelar dados fundamentais sobre nossa própria sociedade e nosso modo de pensar. Da mesma maneira que essas outras temáticas, abordadas tradicionalmente por antropólogos e sociólogos quando querem ter acesso à esfera simbólica de um coletivo social específico, também o cinema, enquanto artefato cultural, é uma via de acesso privilegiada para os objetivos a que a antropologia e as ciências sociais em geral se propõem.

As imagens fílmicas, tal como mitos, rituais, vivências e experiências, condensam sentidos e dramatizam situações do cotidiano, descortinando a vida social e seus contextos de significação. Os aspectos recorrentes e inconscientes do agir social estão igualmente presentes nas imagens fílmicas e fotográficas, cabendo ao pesquisador investigar as relações que se constroem e os significados que as constituem.

Se mesmo contemporaneamente cientistas sociais vêem com reservas uma maior aproximação com a imagem, isso talvez seja pelo fato de eles ainda associarem a imagem a signos naturais em oposição às palavras como signos convencionais. Uma oposição dessa ordem ignora o fato de que olhar não é apenas um fenômeno fisiológico — assim como imagens fílmicas ou fotográficas não são apenas cópias do mundo visível — e também nossa capacidade de perceber por meio da linguagem exatamente aquilo que procuramos estruturar e ordenar, sobretudo aquilo que conhecemos. Concebemos o mundo por valores que delimitam nossa capacidade de olhar, nossa percepção e nossas possibilidades de apreensão de sentido.

Dessa forma, a problematização dos modos de ver impõe-se como uma tarefa que possibilita a expansão do olhar e a delimitação de novos problemas, permitindo a passagem de um exercício de construção de conhecimento baseado na imagem como objeto para outro, em que as imagens podem ser pensadas como modos de ver, olhar e pensar, ampliando as possibilidades de análise dos domínios do visível.

Conclusão

Indicando os pontos de contato e interlocução entre antropologia e imagem, pretendemos trazer à luz o quanto a antropologia, disciplina dedicada ao estudo de "alteridades", se torna ela mesma aberta a variações no processo de construção do conhecimento. Graças ao fato de estar em permanente contato com outras formas de pensar e inventar o mundo, a antropologia é uma área do conhecimento que necessita de engenho e criatividade para se reinventar em face dos novos desafios cotidianamente colocados.

Estamos aqui utilizando o termo "invenção" no sentido de criação, como *fictio*, algo construído. A antropóloga Marilyn Strathern, aliás, em artigo da década de 1980 — quando se vivia um momento de grande questionamento pós-moderno quanto às representações construídas nas etnografias clássicas —, classifica a produção etnográfica como "ficções sérias".

O que esse momento crítico traz é uma provocação bastante pertinente, na medida em que toca o ponto central da disciplina: a relação do antropólogo com o conhecimento que produz. Essa reflexividade no interior da antropologia, desencadeada naquele período e direcionada sobretudo para a crítica da representação escrita do conhecimento etnográfico, acaba por possibilitar a abertura do enquadramento e o retorno a discussões de trabalhos como os empreendidos por Margaret Mead, Gregory Bateson, Jean Rouch e David e Judith MacDougall que, como sublinhamos, vinham sendo desenvolvidos, desde muito tempo, à margem das grandes discussões realizadas no meio acadêmico antropológico. Mesmo o trabalho que Mead e Bateson, antropólogos de grande popularidade, desenvolvem com as imagens permanece sem grande repercussão.

A inventividade sempre esteve presente, e a incorporação da imagem, seja ela fotográfica ou em movimento, ao processo de construção da prática antropológica constitui, assim, não mera questão de método, mas sobretudo uma questão epistemológica. Não se trata, portanto, de um novo meio para simplesmente produzir dados de pesquisa ou de estabelecer contatos e vínculos no campo, mas de propor, a partir da inclusão da imagem, novas questões e novos problemas.

Terminamos sugerindo aos leitores que assistam aos filmes comentados ao longo do texto. É certo que nem todos são de fácil acesso, e esta é uma séria dificuldade que ainda temos de enfrentar: a péssima distribuição dos documentários em geral e, especificamente, daqueles de cunho antropológico. Vale, porém, o esforço para quem tem interesse em enveredar por essa seara. Nos filmes os leitores poderão perceber as questões apontadas ao longo deste texto e possivelmente muitas outras, dado o caráter polissêmico da imagem, que também foi aqui tratado.

Referências e fontes

Devemos mencionar uma questão geral que é a pouca quantidade de livros em língua portuguesa que discutem os temas aqui desenvolvidos. Listamos a seguir algumas obras importantes para quem deseja aprofundar as questões abordadas.

• Um livro fundamental sobre as relações entre cinema e antropologia: Piault, Marc-Henri. *Anthropologie et Cinema* (Paris: Editions Nathan, 2000).

• Para a discussão sobre os modos de construir o olhar na antropologia: Grimshaw, Anna. *The Ethnographers Eye* (Cambridge: Cambridge University Press, 2001).

• Para acompanhar por meio das palavras do próprio autor sua experiência de realizar *Nanook of the North*: Flaherty, Robert. "How I filmed *Nanook of the North*" (in Geduld, Harry, ed. *Film Makers on Film Making*. Penguin, 1969).

• As referências a Sylvia Caiuby Novaes no item "Método, objeto de pesquisa ou forma de expressão?" vêm de seu artigo "O uso da imagem na antropologia" que faz parte da coletânea *O fotográfico*, organizada por Etienne Samain (São Paulo: Senac, 2005).

• Outra importante coletânea de textos sobre quem pensa e defende um campo para a antropologia visual: Hockings, Paul (org). *Principles of Visual Anthropology* (New York: Mouton de Gruyter, 1995).

• Uma coletânea importante que discute a imagem como possibilidade de reflexão epistemológica na antropologia: MacDougall, David. *Transcultural Cinema* (Princeton: Princeton University Press, 1999).

• Citamos, no tópico "Experiências Paradigmáticas", o trabalho inovador de Mead e Bateson, cuja referência completa é: Bateson, Gregory e Mead, Margaret. *Balinese Character: A Photographic Analysis* (New York: New York Academy of Sciences, 1942; 2ª edição, 1962). Um comentário criterioso sobre esse livro: Samain, Etienne. "Balinese Character Revisitado" (in Alves, André. *Os argonautas do mangue*. Campinas: Editora Unicamp; São Paulo: Imprensa Oficial, 2004).

• Uma síntese sobre o trabalho e a proposta de prática antropológica de Jean Rouch pode ser encontrada em: Sztutman, Renato. "Jean Rouch: um antropólogo cineasta" (in Barbosa, Andréa; Cunha, Edgar Teodoro da et al. *Escrituras da imagem*. São Paulo: Edusp, 2004) e em: Sztutman, Renato. "Jean Rouch e o cinema como subversão de fronteiras" (in *Sexta-Feira — Antropologia artes humanidades*, v.1. São Paulo: Pletora, 1997).

• Uma coletânea importante sobre a temática da fotografia e antropologia: Elizabeth Edwards, *Anthropology and Photography* (London: Royal Anthropological Institute, 1992).

• Para ler Malinowski em sua obra seminal: Malinowski, Bronislaw. *Argonautas do Pacífico Ocidental* (São Paulo: Editora Abril, Coleção Os Pensadores, 1978). Uma boa comentarista do trabalho de Malinowski é Eunice Durham, em seu livro *A reconstituição da realidade* (São Paulo: Ática, 1978).

Leituras recomendadas

Embora a literatura sobre o tema, em língua portuguesa, não seja muito vasta, temos boas coletâneas que oferecem textos interessantes, tanto do ponto de vista teórico como do ponto de vista etnográfico.

BARBOSA, Andréa; CUNHA, Edgar Teodoro da et al. *Escrituras da imagem*. São Paulo: Edusp, 2004.

Coletânea bastante instigante, organizada por nós e outros colegas do Grupo de Antropologia Visual da USP, contém seleção de artigos que narram diversas experiências da imagem sendo utilizada como parte da reflexão antropológica. Inclui, além de artigos, ensaios fotográficos e análises críticas de vídeos recentes produzidos em contexto de pesquisa.

Cadernos de antropologia e imagem, Rio de Janeiro: Uerj.

Toda a coleção dessa revista, que já tem duas dezenas de volumes, é fundamental para quem quer acompanhar as discussões atuais sobre o tema e ainda ter acesso à tradução de textos de autores estrangeiros importantes, assim como a artigos de pesquisadores brasileiros que têm refletido sobre as relações possíveis entre imagem e antropologia. Os números 1 e 2 são especialmente importantes por inaugurar essa iniciativa com textos clássicos e fundamentais para a compreensão da questão.

Horizontes antropológicos. Número temático: *Antropologia visual*. Ano 1, número 2, 1995.
Esse número foi pioneiro em reunir reflexões sobre o campo da antropologia visual. Nele há artigos muito instigantes, como o de Etienne Samain sobre Malinowski e a fotografia e o de Dominique Gallois e Vincent Carelli sobre experiências com vídeo e diálogo intercultural.

LEITE, Miriam Moreira e FELDMAN-BIANCO, Bela. *Desafios da imagem*. Campinas: Papirus, 1998.
Coletânea bastante abrangente que trata de temas bem diversos, como a relação entre texto e imagem e o relato de experiências da utilização da imagem em contextos de ensino nas ciências sociais.

SAMAIN, Etienne (org.). *O fotográfico*. São Paulo: Senac, 2005.
O livro que já está em sua segunda edição e conta com ensaios bastante heterogêneos, mas que dão conta de uma discussão ampla da fotografia como "modo de ver e pensar", nas palavras do próprio Etienne.

Vídeos e filmes sugeridos

Muitos dos clássicos mencionados neste livro, a exemplo da bibliografia, só são encontrados no exterior ou nos poucos centros de pesquisa que se dedicam ao tema em nosso país. A seguir indicamos alguns títulos fundamentais que podem ser encontrados no Brasil.

• Robert Flaherty. *Nanook of the North*, 1922, 79 min. Esse é o clássico que tanto mencionamos no texto. Existe uma versão em DVD lançada pela *The Criterion Collection* (EUA) em 1998. Algumas videotecas de universidades possuem cópias em vídeo. Vale a pena procurar e assistir por seu caráter histórico, mas também pelo caráter estético. É um filme instigante e fundamental.

• Jean Rouch. *Cronique d'un eté*, 1960, 80 min e *Moi, un noir*, 1958, 80 min. Dois filmes também fundamentais na extensa filmografia deste antropólogo-cineasta.

• Dominique Gallois e Vincent Carelli. *A arca dos Zoé*, 1993, 22 min. Esse trabalho é exemplar da utilização do vídeo como uma ferramenta de comunicação intercultural mediada. É possível ter acesso a ele em algumas videotecas universitárias ou diretamente com o Projeto Vídeo nas Aldeias www.videonasaldeias.org.br

- Luiz Thomaz Reis. *Rituais e festas Bororo*, 1917, 20 min. Esse e outros filmes podem ser encontrados no Museu do Índio, no Rio de Janeiro, ou em algumas videotecas universitárias.

Sobre os autores

Andréa Barbosa é doutora em antropologia pela Universidade de São Paulo (USP) e pesquisadora de temas urbanos e da relação entre antropologia e produção audiovisual. Participa do Lisa — Laboratório de Imagem e Som em Antropologia da USP — desde 1996, tendo desenvolvido pesquisas nos projetos temáticos da Fapesp "Imagem em foco nas Ciências Sociais" (1997-2002) e "Alteridade, expressões culturais do mundo sensível e construções da realidade" (2003-). Atualmente desenvolve pesquisa de pós-doutorado junto ao Departamento de Antropologia da USP, onde a relação entre memória, imagem e experiência vivida é foco da produção de uma série de documentários sobre personagens anônimos da cidade de São Paulo. O e-mail para contatos é acmmb@uol.com.br

Edgar Teodoro da Cunha é doutor em antropologia pela USP e pesquisador associado do Lisa, onde faz parte do projeto temático da Fapesp "Alteridade, expressões culturais do mundo sensível e construções da realidade". Desde 1996 vem desenvolvendo pesquisas nas áreas de etnologia e antropologia da imagem, das quais resultaram sua dissertação de mestrado *Cinema e imaginação: a imagem do índio no cinema brasileiro dos anos 70* e sua tese de doutorado *Imagens do contato: representações da alteridade e os Bororo do*

MT. Dirigiu ainda os documentários *Jean Rouch, subvertendo fronteiras* (2000, 40 min) e *Ritual da vida* (2005, 30 min). Atualmente coordena o curso de pós-graduação em cinema documentário da FGV/EESP/CPDOC em São Paulo. O e-mail para contatos é edgar.cunha@uol.com.br

Coleção **PASSO-A-PASSO**

Volumes recentes:

Ciências Sociais Passo-a-Passo

O negócio do social [40], Joana Angélica Barbosa Garcia

Origens da linguagem [41], Bruna Franchetto e Yonne Leite

Antropologia da criança [57], Clarice Cohn

Patrimônio histórico e cultural [66], Pedro Paulo Funari e Sandra de Cássia Araújo Pelegrini

Antropologia e imagem [68], Andréa Barbosa e Edgar T. da Cunha

Antropologia da política [79], Karina Kuschnir

Sociabilidade urbana [80], Heitor Frúgoli Jr.

Pesquisando em arquivos [82], Celso Castro

Cinema, televisão e história [86], Mônica Almeida Kornis

Filosofia Passo-a-Passo

Estética [63], Kathrin H. Rosenfield

Filosofia da natureza [67], Márcia Gonçalves

Hume [69], Leonardo S. Porto

Hannah Arendt [73], Adriano Correia

Schelling [74], Leonardo Alves Vieira

Niilismo [77], Rossano Pecoraro

Kierkegaard [78], Jorge Miranda de Almeida e Alvaro L.M. Valls

Filosofia da biologia [81], Karla Chediak

Ontologia [83], Susana de Castro

John Stuart Mill & a liberdade [84], Mauro Cardoso Simões

Filosofia da história [88], Rossano Pecoraro

Teoria do conhecimento [91], Alberto Oliva

Psicanálise Passo-a-Passo

Psicanálise com crianças [75], Teresinha Costa

Feminino/masculino [76], Maria Cristina Poli

Cinema, imagem e psicanálise [85], Tania Rivera

Trauma [87], Ana Maria Rudge

Édipo [89], Teresinha Costa

A psicose [90], Andréa M.C. Guerra

A angústia [92], Sonia Leite

Educação e psicanálise [93], Rinaldo Voltolini

Os outros em Lacan [94], Antonio Quinet

A paixão [95], Marcus André Vieira

Histeria: o caso Dora [96], Nadiá Paulo Ferreira e Marcus Alexandre Motta